D1728083

Benedikt XVI.

Jesus ist unser Freund

benno

Lasst euch beim Hören des Wortes Gottes

von Christus ergreifen, dem menschgewordenen Wort Gottes;
durch ihn hat der Vater uns alles gesagt.
So werdet ihr lernen, ihm aus tiefem Herzen zuzuhören,
um ihn mehr zu lieben und um seine Zeugen
in eurem Alltagsleben zu sein.

Angelus, 28. Januar 2007

Wer glaubt, ist nie allein.

Der Glaube führt uns zusammen und schenkt uns ein Fest. Er schenkt uns die Freude an Gott, an der Schöpfung, am Miteinandersein.

Predigt bei der Heiligen Messe auf dem Islinger Feld bei Regensburg, 12. September 2006

Wie ist Jesus in der Eucharistie gegenwärtig? Ich sehe ihn ja nicht!

Ja, wir sehen ihn nicht, aber es gibt viele Dinge, die wir nicht sehen, die aber doch existieren und wesentlich sind. Wir sehen zum Beispiel unsere Vernunft nicht, und doch sind wir mit Vernunft begabt. Wir sehen unseren Verstand nicht, und doch haben wir ihn. Wir sehen, mit einem Wort gesagt, unsere Seele nicht, und doch existiert sie, aber wir sehen die Wirkungen, denn wir können sprechen, denken, entscheiden usw. Wir sehen zum Beispiel auch den elektrischen Strom nicht, und doch sehen wir, daß es ihn gibt, denn wir sehen, wie dieses Mikrofon funktioniert; wir sehen die Lichter. Mit einem Wort: Gerade die tiefsten Dinge, die wirklich das Leben und die Welt stützen, sehen wir nicht, aber wir können die Wirkungen sehen und fühlen.

Die Elektrizität, den elektrischen Strom sehen wir nicht, aber wir sehen das Licht. Und so fort. Und deshalb sehen wir auch den auferstandenen Herrn nicht mit unseren Augen, aber wir sehen, dass dort, wo Jesus ist, die Menschen sich ändern, dass sie sich bessern. Es entsteht eine größere Fähigkeit zu Frieden und Versöhnung usw. Wir sehen also nicht den Herrn selbst, aber wir sehen die Wirkungen. So können wir erkennen, dass Jesus gegenwärtig ist. Gerade die unsichtbaren Dinge sind die tiefsten und wichtigsten, wie ich sagte. Also gehen wir diesem unsichtbaren, aber starken Herrn entgegen, denn er hilft uns, dass unser Leben gelingt.

Begegnung von Papst Benedikt XVI. mit italienischen Erstkommunionkindern, Petersplatz, Samstag, 15. Oktober 2005

Er wurde in Betlehem geboren,

was in hebräischer Sprache »Haus des Brotes« bedeutet, und als er vor den Menschenscharen zu predigen begann, offenbarte er, dass der Vater ihn als »lebendiges Brot, das vom Himmel herabgekommen ist«, als »Brot des Lebens« in die Welt gesandt hatte.

Angelus, Petersplatz, Sonntag, 25. Mai 2008

Wir richten unseren Blick

auf die geweihte Hostie: Es ist Gott selbst! Die Liebe selbst! Das ist die Schönheit der christlichen Wahrheit: Der Schöpfer und Herr aller Dinge ist zum »Weizenkorn« geworden, um in unserer Erde, in den Furchen unserer Geschichte ausgesät zu werden; er wurde zum Brot, um gebrochen, geteilt, gegessen zu werden; er wurde zu unserer Speise, um uns das Leben zu geben, sein göttliches Leben.

Angelus, Petersplatz, Sonntag, 25. Mai 2008

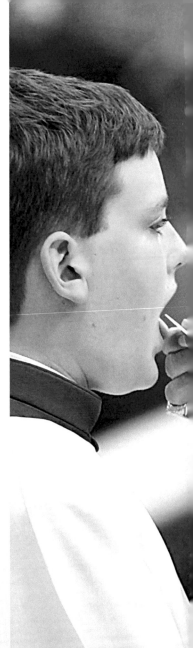

Die Eucharistie

ist Schule der Nächstenliebe und Solidarität. Wer sich vom Brot Christi nährt, kann nicht gleichgültig bleiben gegenüber all jenen, denen es auch in unseren Tagen am täglichen Brot mangelt.

Angelus, Petersplatz,
Sonntag, 25. Mai 2008

Nehmt Christus,

das Wort Gottes, das zu unserer Speise gewonnen ist, in eurem Inneren auf, um davon zu leben und um für ihn Zeugnis abzulegen vor den Menschen, denen ihr begegnet.

Angelus, Castel Gandolfo,
Sonntag, 31. Juli 2005

Den Leib Christi

anzubeten, heißt glauben, dass in jenem Stück Brot wirklich Christus ist, der dem Leben wahren Sinn gibt – dem unendlichen Universum ebenso wie dem kleinsten Geschöpf, der ganzen Menschheitsgeschichte wie dem kürzesten Leben.

Predigt von Benedikt XVI., Vorplatz der Lateranbasilika, Donnerstag, 22. Mai 2008

Lieber Papst, erinnerst du dich an den Tag deiner Erstkommunion?

Ich erinnere mich gut an den Tag meiner Erstkommunion. Es war an einem schönen Sonntag im März 1936. Es war ein sonniger Tag, die Kirche war schön geschmückt; ich erinnere mich an die Musik und viele andere schöne Dinge. Wir waren ungefähr 30 Buben und Mädchen aus unserem kleinen Dorf mit rund 500 Einwohnern. Aber im Mittelpunkt meiner frohen und schönen Erinnerungen steht der Gedanke – dasselbe wurde schon von eurem Sprecher gesagt –, dass ich begriffen habe, dass Jesus in mein Herz gekommen ist, dass er ausgerechnet mich besucht hat, und dass durch Jesus Gott selbst in mir ist. Und dass das ein Geschenk der Liebe ist, das wirklich einen höheren Wert hat als alles andere, was uns vom Leben geschenkt werden kann. So war ich wirklich von einer überaus großen Freude erfüllt, weil Jesus zu mir gekommen ist.

Ich habe begriffen, dass jetzt ein neuer Lebensabschnitt für mich begann; ich war neun Jahre alt, und nun war es wichtig, dieser Begegnung, dieser Kommunion treu zu bleiben. Ich habe dem Herrn, so gut ich konnte, versprochen: »Ich möchte immer mit dir sein.« Und ich habe ihn gebeten: »Aber vor allem sei du mit mir.« So bin ich meinen Lebensweg gegangen. Der Herr hat mich, Gott sei Dank, immer an die Hand genommen, auch in schwierigen Situationen. Und so war diese Freude der Erstkommunion der Anfang eines gemeinsamen Weges. [...]

Begegnung von Papst Benedikt XVI. mit italienischen Erstkommunionkindern auf dem Petersplatz am Samstag, 15. Oktober 2005

Ich hoffe,

dass auch für euch die erste heilige Kommunion der Beginn einer lebenslangen Freundschaft mit Jesus wird, der Anfang eines gemeinsamen Weges, denn wenn wir mit Jesus gehen, schreiten wir voran, und das Leben wird gut.

Begegnung mit italienischen Erstkommunionkindern,
15. Oktober 2005

Der Sonntag wird schöner,

*die ganze Woche wird schöner,
wenn Ihr gemeinsam den Gottes-
dienst besucht. Und bitte, betet
auch zu Hause miteinander: beim
Essen, vor dem Schlafengehen.
Das Beten führt uns nicht nur zu
Gott, sondern auch zueinander. Es
ist die Kraft des Friedens und der
Freude. Das Leben in der Familie
wird festlich und größer, wenn
Gott dabei ist und seine Nähe im
Gebet erlebt wird.*

Predigt zur Vesper im Dom zu
unserer Lieben Frau zu München,
10. September 2006.

28

Bibliografische Information Der Deutschen Bibliothek
Die Deutsche Bibliothek verzeichnet diese Publikation
in der Deutschen Nationalbibliografie;
detaillierte bibliografische Daten sind im Internet über
http://dnb.ddb.de abrufbar.

Besuchen Sie uns im Internet: www.st-benno.de

ISBN 978-3-7462-2584-5

© St. Benno-Verlag GmbH
    Stammerstr. 11, 04159 Leipzig
Zusammengestellt von Volker Bauch, Leipzig
Umschlag und Gestaltung: Ulrike Vetter, Leipzig
Gesamtherstellung: Arnold & Domnick, Leipzig